This Coloring Book
Belongs to

SKSKSK
SKSKSK
SKSKSK
and i oop

VSCO
SCRUNCHIES
HYDROFLASK
LIP GLOSS
SHELL NECKLAGE
GIRL

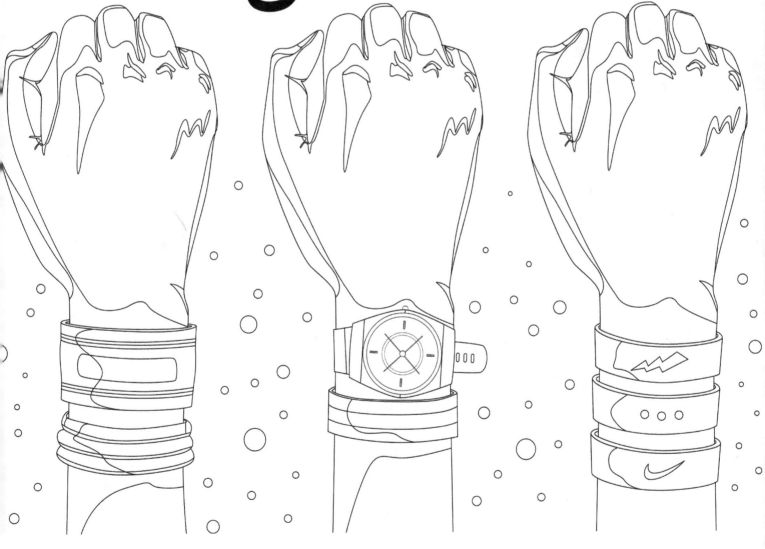

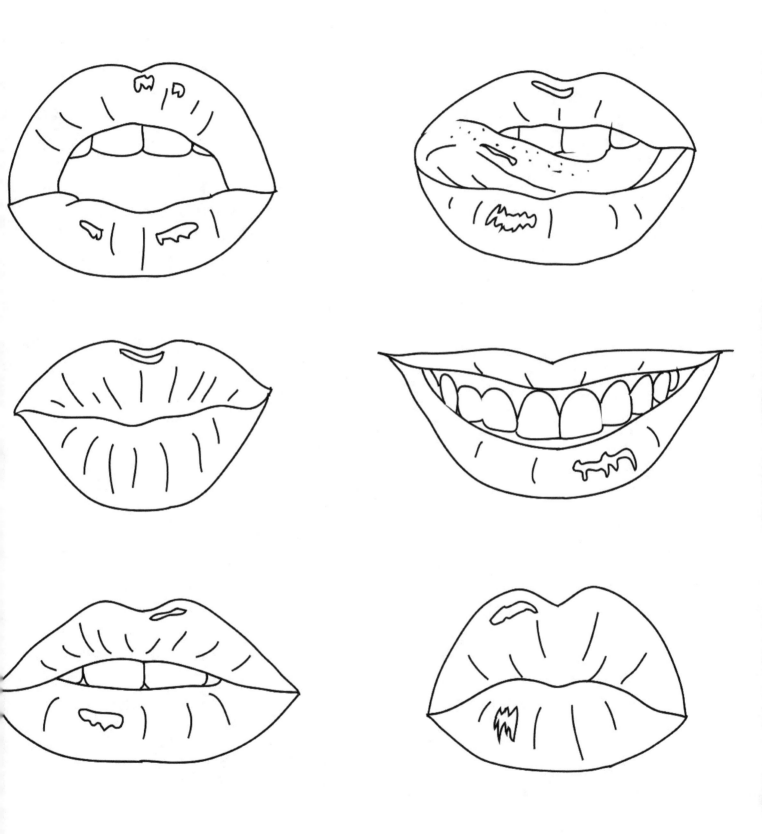

Action
Camera

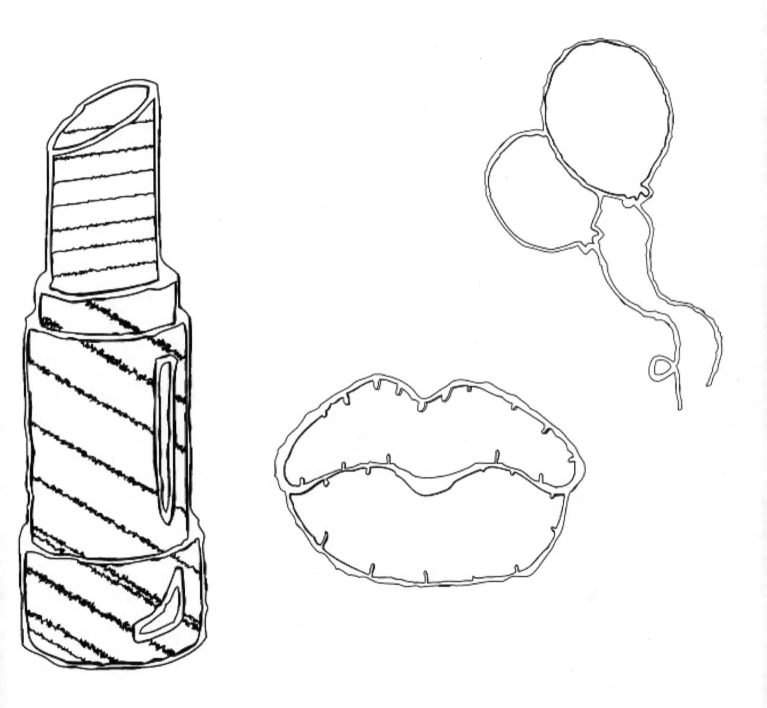

SKSKSK
and i oop

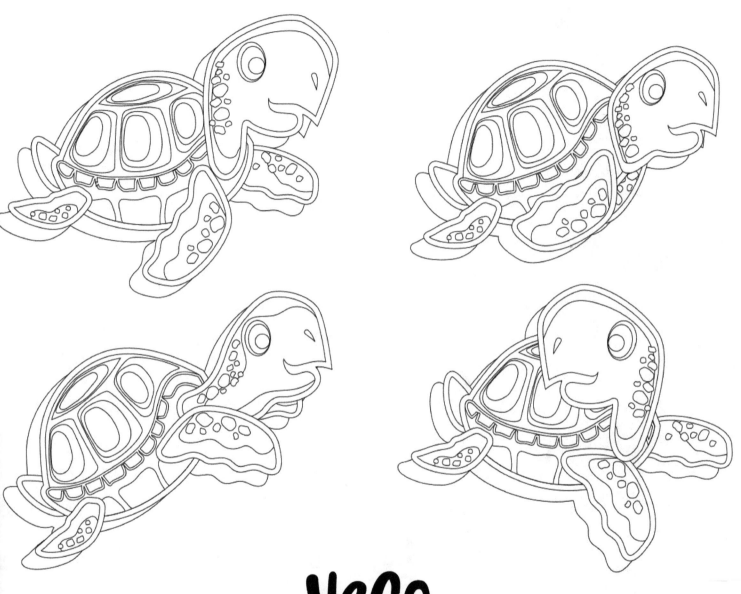

VSCO
girl

SKSKSK
and i oop

and i oop

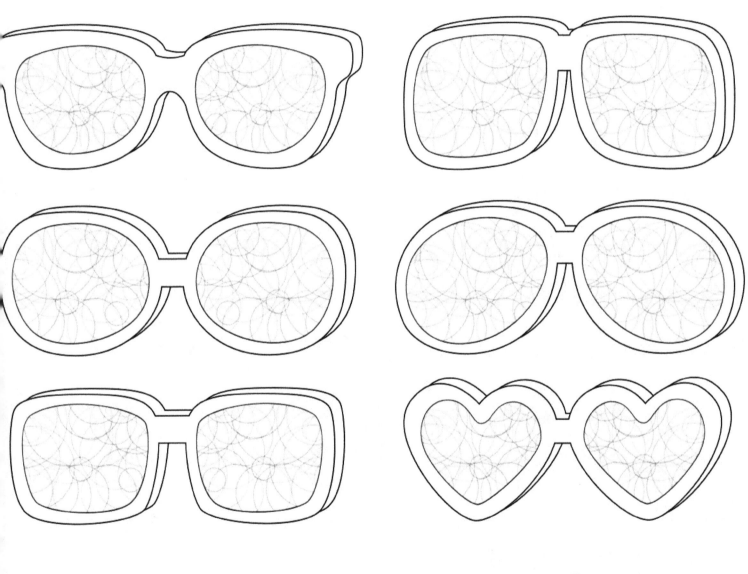

SKSKSK

Manicure & Pedicure

CPSIA information can be obtained
at www.ICGtesting.com
Printed in the USA
LVHW021008151220
674112LV00014B/451

9 781801 235884

ISBN 978-1-80123-588 — 4

9 781801 235884